압록강을 건너는 나비

빛나는 시 100인선 · 35

압록강을 건너는 나비

소재호 시선집

인간과문학사

• **시인의 말**

이제부터는
풀꽃이라든지 하찮은 것들을 사랑하리라.

머나먼 어둠 속으로 잠길 때까지는
한사코 빛에게 나아가리라.

바보됨을 많이 덜어 주신
신경림 시인님과 유성호 교수님께 감사의 절 올린다.

압록강을 건너는 나비

차례

시인의 말

1부

백목련 10
목련꽃 12
백일홍꽃 14
숯에게 묻다 16
압록강을 건너는 나비 18
홍주 이씨 제각의 소묘 20
낮달 22
낙엽의 노래 23
깃발에 대한 단상 25
거미의 악보 1 27
거미의 악보 2 29
갈매기의 일기 31
만 년의 그늘 34
비둘기 깃털 하나 35
소나기의 노래 37
사막의 예찬 43

2부

캬, 사랑 48
달개비꽃 49

잠자리 한 마리 51
담쟁이덩굴 53
담쟁이덩굴 2 55
혀 56
민달팽이가 간다 58
동강할미꽃 60
징검다리 62
파랗다는 것 64
연분암 백일홍 66
눈 오는 벌판에 서서 67
노을 69
대밭에서 71
꽃에게 73
아프리카의 아픔 75

3부

아카시아꽃밭 78
가을날 80
도라지꽃 81
무인도 83
진달래꽃 지다 85
검은바람까마귀 87
아, 남원 88
홀로 남아서 90
은행나무 93
편지가 되지 못하는 94
도시의 비둘기 떼 95
가다가 가다가 우리 꽃무리가 되자 97
원룸시대 99
섬 101

검은 진주　103
개개비와 뻐꾸기　104

4부

깃발　106
바람과 꽃　108
월명공원에 서서·고 최영 시인을 추모함　110
파도　112
바람의 제국　113
바람의 역설법　115
바람 도깨비　117
오, 부안　119
친구의 죽음　121
강의 울음　125
화가 하반영　127
문패　129
나무의 사계　131
찔레꽃　132
여명의 소리　133
산사의 일기　134

| 해설 |　궁극적 자기 긍정과 타자를 향한 확장의 서정
　　　　　　— 소재호의 시세계
　　유성호(문학평론가·한양대 국문과 교수)　136

1부

백목련

아, 벌써 눈물이 난다
무수한 밤, 목젖 밑에
묻어두었던 울음

사랑이란 말은 한낱 사치일 뿐
침묵의 음절들 줄렁줄렁 거느리고
그리움의 노을만 자꾸 내걸었어
막 목숨의 깊은 언어를 열려고 하면
또다시 막아서는 한랭전선
너는 하냥 무소식의 어둠이었고,

온몸을 목놓아 울며 바르르 세우면
사립문 틈새로 먼동이 스미고
두런두런 음침한 운명들은 떠나
그때에야 흰 천사들보다
더 가비여운 발걸음으로
네가 다다른다고 했지만,

세상의 온갖 꽃들은
이별을 위해 핀다고 하지
너와의 해후는 서러운 이별의 빛깔이야
어느 해변을 거닐어도 만나게 되는
하이얗게 부서지는 파도처럼

목련꽃

목련꽃은 죄다 하늘을 부여잡고 핀다
한 모금씩의 간절함
하늘을 향하는 소망의 망울

하늘의 푸른 목청이 얼마나 간절했으면
스스로 표백하여 흰 빛이 되는가
맞이하면서 방긋거리는
비로소 은밀한 내부를 내거는
치렁치렁 육자배기 더늠 같은 것
아, 목이 터진다
새하얀 소리들의 중모리 가락

비록 이른 몇 낱의 낙화로도
땅은 쾅쾅 울리어 새싹들을 깨우고
계절의 장님도 다가와
눈이 트이는,
한 촉의 순정이

수많은 순정을 굽이치게 이끌어
모든 목마름이 훨훨 흰 나비의 나래가 되는
그리하여 봄날은 가지 않고
온 누리에 펄럭이는 것이다

백일홍꽃

눈 딱 감은 채
가문 계절이 마구 건너간다
윤회의 섶 대공 위에 진홍빛
백일 동안의 단정한 정좌靜坐

숨죽여, 펄럭이지도 않아
향기는 손톱 밑에 아리고
가난한 집 울안이 왈깍 서럽다

자주 피고 지는 꽃은 아니고
사랑도 한 백일쯤 곰삭아야
깊은 선홍빛이지

부처님 걸음이 더딘
산골짝 암자 같은 데
마당귀에서 노을을 자꾸 끌어들이되
아직 도에 이르지는 못해

이승의 마지막 한 접시
붉은 울음
그렁그렁 서러워

숲에게 묻다

너는 한때 숲이었느냐
너의 몸결에 장렬히
불과 물이 덮쳐 왔더냐

이승과 저승 사이의 잠 속
네가 일어나면 숲
네가 잠들면 사막

너는 빙하와 빙하 사이의 간빙기
곤충의 잠과 나방이 날갯짓 사이의 번데기
너는 천길 땅밑 석탄
아니면 깊이깊이 네 번째 잠

너는 부활을 꿈꾸는가
식물의 재생인가, 불의 재활인가
영영 완강한 주검인가

밤을 지나와서도
모든 지상의 어둠을 머금는
영원한 과도기, 깨지지 않는 모순
너에게서도 빛이 나와서
대낮처럼 밝히는 실존주의 잔상

일제때 만주 가서 소식 없던 당숙은
살았는지 죽었는지 알 길이 없다
제사상 앞에서 다시 묻는
당숙의 생사 안부

압록강을 건너는 나비

단동, 단교斷橋
만주에서 신의주로 가는 철교는 끊겼다
압록강 푸른 칼날은
고구려땅을 두 쪽으로 가르더니
다리도 끊고, 우리 민족을 두 갈래의
언어로 찢어 놓았다
위화도 역주逆走 앞에서
스스로 두 가닥 무릎을 꺾는 반역의 강

우리는 남의 나라 강안江岸에서
북한땅을 건너다보았다
모든 강토는 흐릿하고
오직 팔팔한 것은
무슨 이념의 붉은 깃발뿐

삼인칭관찰자시점인 나비 한 마리가
중국의 큰 땅덩어리에서 출발하여

벙벙한 압록강 하구를 건너
북한땅으로 날아가고 있었다
손톱만 한 날개로 동북아 경계들을
훨훨 휘젓는 작은 곤충 나방이 한 마리
꼬이고 꼬인 역사의 시공을 꿰어 날으며
날갯짓은 한 음절씩 또박또박
하늘을 음률하는 대서사시大敍事詩였다

저 작은 나비는
중국 소속도 북한 소속도 아니다
그에게는 장벽도 없다
박달나무 아래 강림했다던
고조선의 한바탕 꿈결이었다

홍주 이씨 제각의 소묘

대낮에도 정적이 마당 가득 괴어 있다
밤이 물러간 뒤에도 아직
늘어뜨려진 회색의 시간들
잡초 몇 포기 정중히 이고
검은 기왓장들은 찬찬히 엎드려 있다
빗날 거느리던 구름 비끼자
장끼의 울음이 뒷산 골짝을 후빈다

어린 햇살 몇 두름 툇마루에 걸치고
조상님 무슨 말씀들 댓돌에서 기둥까지
푸른 이끼로 덮어 오른다

현판의 상형 문자들은
의미조차 삭은 지 오래다
추상의 기호들이 간간이 기척하는
짙은 무속의 고택 한 채

그렁그렁 마당귀에 서 있는
자목련 고목 한 그루
뱃속은 저승빛 어스름
머릿결로는 몇 낱 붉은 꽃송이를 매단다
이승을 숨죽이는 고요의 요령 소리

낮달

한 생애의 무게를 벗어놓아야
저리 희뿌옇고 맑지
세상일은 모든 게 흔적으로만 남아
잠시 허공에 머무는 것
산 넘고, 죽음의 골짜기에 가서야
영혼은 도리어 밝아진다고 하지

한사발도 못 되는 삶의 원둘레
빛이거나 소리이거나 다 삭고
자신의 흔적을 스스로 자꾸 닦아 지우며
몇 만 굽이 조올조올 허공을 비워내는

한때는 장엄한 빛이고자 했었지
천 강을 굽이치던 빛살 무늬
탄생부터 소멸까지 빛냈으므로
하루가 다음 하루를 잉태하도록
꼴깍 목숨줄 놓아서
다음 생에서 더 밝아지는 것

낙엽의 노래

시간들이 길러 세운 나무에서
계절의 고운 색채를 입혀 떠나보내는
석별의 시절, 아픈 이별을 형용하면
아름다운 빛깔이 되느니

한 생애 전신으로 끌어올리던 온기
어느덧 전설이 되고
까마득한 기억의 갈피에 눕는다
시리게 뼈 마디마디 세월의 기슭에 얹은 채
어둔 시대로 출발하는 한 초롱씩의 몸짓

한시도 굴종이 아닌 때 없었으니
몸 굽혀 모진 바람 앞에 운명을 내맡겼다가
전생에서 유전해 온 목숨도 마감하고
스스로 자신을 놓으니 낙엽이라네

나부끼던 우기의 음절들

산만하던 운율도 삭고
켜켜이 졸음을 매겨서
지는 노을빛으로나 익다가
마지막 눈부신 팔랑거림
가만히 뜨락에 고이는
마침내 깊디깊은 잠이라네

깃발에 대한 단상

아무리 그대가 푸른 하늘의
등성이를 넘나드는 이상의 몸짓이라지만
우리 인연의 끈을 깊숙이 끌어내려야만
비로소 일어나는 펄럭임이었소

맺힘 없이 수맥을 끌어올리면
그대는 마침내 세찬 몸부림으로
장방형의 목숨이 되고,
푯대 끝에서 하늘 이쪽저쪽을 잡아끌며
자꾸 무슨 엉터리 의미만 나부꼈소

그러나 몸서리치도록 그대는
사랑의 깨어짐과
인간들의 배반을 형용하였고,
삭막한 계절들에게 이지러지고
스스로 빛을 잃게 되었지요

선언하되 그건 이념이 아니고
울음을 울되 순전히 의미없는 모음의 음표들뿐

바람 불면 하기야
종이 부스러기도 하늘 깊숙이 나는 법
자유와 유랑을 얽어매고
소리도 빛도 삭아
겨우 헝겊 쪼가리 보푸라기로 후세에
흔적으로만 남아
그대는 무명無明의 한 생애가 저물 것이오
끝내는 의미없이 떠도는 이상한 소문처럼

거미의 악보 1

거미는 밤마다 꿈결을 털고 나와
어둠이 장엄할수록 절절한
장송곡 악보를 쓴다
언제나 사자死者들 앞장서서
스스로를 칭칭 동여매는 운명의 사슬

그는 소리없는 세상을 꿈꾼다
악보를 허공에 내걸되
결코 발성하지는 않는다
악보의 의미를 알아차리는 나방이떼들
벌써 모여들어 침묵의 합성법으로 움찔거리면
이슬 언저리에 얹히는 별빛은
소리 죽여 초롱초롱 빛부신 음표가 된다

절명의 시대를 건너오며
주검의 그늘로 남았다가
밤과 낮이 언제나 순서를 뒤집듯이

지상 뭇 생명들의 주문呪文이 된다

숯처럼 검은 몸매로도
속내는 은백의 실꾸리를 마냥 머금어
하늘을 다 펼치고도 또 다른 여백을 매다는
허공의 생애는 항상 경건하고
생사의 주기로 자전自轉하는
무수한 원둘레의 구심점이다

거미의 악보 2

하늘에 굽이굽이 선을 치면
귀머거리도 악성樂聖이 된다
여덟 발가락 끝에 밟히어
'도'에서 다음 '도'에 이르러
무성無聲으로 가는 팔 음계
생애의 심포니가 어느덧
주검의 검은 장송곡이 된다

묵음黙音은 풍금의 반음짜리들
검은 건반만 밟고 지나가 드디어
무수한 출렁거림의 이슬 음표들
온 누리 목숨들 무성의 악보
어둠어둠을 동그라미 선형線形에 담아
은하까지 죄 울림하는 펄럭임이다
하늘 한 중심에서 발가락만 움찔거려도
파동이 팔방으로 뻗어
극락 삼만리까지 닿아서

이윽고 벙그는 부처의 미소
아, 죽음이 해탈이 되는

갈매기의 일기

날마다 갈매기는 멀리 나가
수평선의 긴 금을 긋고 돌아왔다
한 생애를 이끌던 날갯짓을 거기 던지면
수천 수만의 하얀 물이랑이 일고

삶의 이슥한 골짜기에서 빚은
몇 방울 눈물 떨구면, 이내 짜디짜게
바다는 쏴하고 파란 빛으로 번졌다

그리고
깊은 한숨 한 모금으로도 바다는
바닥 모를 수심으로 깊어졌다

갈매기는 가슴까지 튀어 오른 물결 넘어
바다 끝끝 벼랑에 나가 몇 차례 돌이뱅이를 쳤다
하늘과 바다가 서로 뒤엉키는 이레쯤
한몸으로 물굽이가 되고

한 울음이 되어버린 바다와 하늘

갈매기의 심중 파동은 다 던져두고
자음들 'ㄲ, ㅋ'들만 몇 모숨
목젖에 걸고 되돌아왔다

'여기까지는 바다'
'저기까지는 하늘' 하며
경계의 지점에 '똥' 하고 점을 찍었으나
여기저기 한 소용돌이로 묻혀버리고
한 줄의 선만 보랏빛으로 움찔거렸다

생사까지 한가지로 평형이 되던
까마득한 수평선
고요 속으로 이승 저승도 묻히고
파란 정적으로 하늘이 바다에 물들었다
다만 갈매기 눈빛에 젖어 온 것은

말갛게 씻기운 파란 하늘빛뿐

몇 파장의 소리 떨림은 곧바로
별빛 몇 초롱, 빛발로 몸 바꾸고
갈매기는 할딱이는 목숨 한 줌으로
돌아와, 간신히 돌섬에 하루의
일모日暮를 얹었다

그 후에도 갈매기는 날마다
어슴프레한 청잣빛 먼동을 열고
작은 깃털 하나를 내걸곤 하였다

만 년의 그늘

인류 박물관 유리상자 안
몇 만 년 전의
크로마뇽 해골이 누워있고
그 뒤로 아득한 태곳적
그림자가 따라와 함께 누워있다

해골의 눈구멍 휑하니 파인 뒤켠에는
이십세기 전기 불빛이 따라와
동그랗게 밝은 그늘을 짓는다

옛날 그림자와 현대의 빛이 한곳에서
인류의 조상 해골에 함께 드리우며
경이롭게 합류하는 시공時空

만물의 주검이 학문이 될 때
주검의 눈은 밝게 살아나
또다시 만 년을 도란거린다

비둘기 깃털 하나

개발지역
서민들 쫓겨 이사 가고
이 고장 사람들 방언 한 개비만
낯선 바람결에 뒤척이고 있다

사람이 사람들을 불러 모으던
가난한 저녁상엔 남루한 노을도 얹히고
끼리끼리 부신 언어를 주억거리며,
서로의 체온을 부비며 살아온 마을
마을은 이미 부서지고
황토흙의 황량한 허기 위에
구멍난 어린아이 양말짝 하나
반만 묻혀 있다

신이 떠난 지 오래다
신보다 더 힘센 포클레인의
무도한 엔진 울음이

벙벙한 대지를 다스릴 때
신음까지 쓰러져 가는 잡초들 사이
하이얀 울음 한 쪼가리
비둘기 깃털 하나 바르르 떨고 있다

소나기의 노래

1
소나기가 삼밭을 친다
빽빽이 들어선 정적을 짚어 누르면
어둠은 차츰 더 우렁찬 어둠에 갇히고

온갖 물상을 무너뜨리기 위해 아침은 터온다
천둥은 제 창자를 뒤틀며 울고
비틀린 빛살이 하늘을 쪼갠다

초원의 빛, 그 그림자까지
무참하게 삼킨 먹물의 번짐
온 세상의 근원조차 허무는
꼿꼿한 두들김

인간들이 세운 깃발은
그의 선언을 거두고
바람이 쏠려 와도 목숨 깨어나지 못한다

지구상에 넘치던 뭇 사조思潮들 낱낱이
물방울에 갇혔다 곤두박질로 깨어지면
인간의 씨 없던 이성도 산산이 부서져
뿌옇게 흐리며, 다만 서늘한 감각만 남는다
이다지도 만물의 임종은 장엄하게
완전한 해체를 만난다

2
소나기가 이룩한 어둠은
시공을 넓히는 크나한 여백
천만 가닥 뱀의 혓바닥처럼
굽이굽이 무성의 소리들이 되살아나
쇳소리보다 더 카랑카랑하다
생명체들은 눈 뜨자마자 쓰러지고
몇 빙하기를 건너온 차운 기운으로
사람들은 오스스 여명을 닫아 건다
울창한 땅울림

땅을 치고 끓어오르는 빗낟들의 함성

3
소나기는 빗살무늬 시대를 거느리고 온다
토기들의 본향을 울리며 비끼는 빗살무늬 소리
원시를 꿰어 날던 돌촉 화살들도
날을 세워 모든 허공을 빗살무늬로 시늉한다
조각난 문명들은 일시에 광채를 잃고
검은 별떼들도 일제히 현기증에 묻힌다

4
이때, 크고 작은 바다들이 떠들려 나와
지상 물체들의 옆구리를 대질러 온다
만물의 형상은 물웅덩이에 그 잔상만 서린다
지상의 포유류들은 호흡을 정지당하고
생명을 지닌 것들은 모두
연체軟體의 마성魔性에 이끌려 광장으로 나아온다

원시는 더 깊은 원시에 묻히고 드디어
음절 없는 울음들이 천지를 뒤덮는다
실체가 없는 영혼들의 깃자락만 펄럭이고
또는 찢어지는 굉음
온 세상을 번지던 아픔은 신음도 만들지 못한 채
한사코 엎드려지는 떼죽음의 장렬함
다시 무슨 큰 영靈에 버무려져
아득한 물굽이로 나가고 있다

5
벼랑마다 얼룩무늬로만 아로새겨졌던 화석들
백악기, 홍적세 모두 끄덕끄덕 숨 터 나와
옛날의 전설을 토닥토닥 펼치니
지구 최초의 순수, 빛과 어둠이 엉클어져
화해하던 가장 최초 태생의 늪에서
사람들은 야생으로 길들여지고 있다

6
소나기는 스스로 무엇들의 영혼이다
자신은 스스로의 육신을 거두며
신성한 액화液化의 영혼이 된다
만물에 빙자하여 울고
가득 채웠다가 비워내어
뭇 생령들을 일깨우며, 이윽고
하늘 가득 설레며 오는
무수한 부호들로 살아나는 언어
은백의 의미들이 어둠의 어깨를 짚어
서늘한 감각들만 살아난다
소나기가 지구의 벼랑 끝까지 철철 넘치며

7
소나기의 세상이 태초의
순수가 될 때, 우리들 몸속에서도
일제히 새로운 염색체의 진동이 일고

전율처럼 감각이 또 다른 감각으로 번지며
새로이 시작하는 백치주의의 크로마뇽인
또다시 전설 속으로 가기 위해
인류는 부지런히 소나기로 전진한다

사막의 예찬

우리는 우리의 문명으로 인해
등창이 선 생애를 살아왔다
모래를 끌어다 세운 빌딩들로 무거워
지구가 뒤뚱거릴 즈음
울력을 일으켜 큰 바람은
해일을 거푸 몰아왔다

누런 모래 기둥이 일어서서
시뻘건 해를 가리다가
깜깜한 대지를 펼치고야 말았으니
죽음이 주검이 되고 다시 주검은
한가지로 모래세상이 되었다
무엇인들 부정하기 위해
존재하는 모래의 세상

지구의 온갖 종種은 사라지고
바람이 시시때때로 새 형상을 빚었다

무거운 것들은 하늘로 솟게 하고
가벼운 것들은 땅에 내리게 하여
아득한 사막이 되게 하였다
작은 모래 알갱이들의 광막한 세계

불순한 것, 온갖 인간 찌꺼기는 삭아서
그도 저도 모래무덤으로 묻혔다
사막엔 철광 한줌도, 석유 한 방울도 나지 않는다
다만 덩그러니 우주 발자욱만 하나 남아있고

물도 없고 배도 없다
화산도 없고 불도 없다
병기도 없고 전쟁도 없다
모든 없는 것으로 인해 평화로운 세상
뜨거워도 불길이 솟지 않는다

선악도 없고 종교도 없다

갈등도 부딪침도 영영 없다
우주가 온갖 지략으로 휘몰아다가
거룩한 모래 등판을 이루었을 뿐
삭삭기 삭삭기, 모래가 모래를 밟고 가는
진중한 사막의 여정
현존하는 신들을 모조리 쓸어버리고
신들의 조각조각을 이어붙여서 장차
더 큰 신이 성큼 내려설 것이다
그게 더 크게 휘몰아가는 바람일지라도
장차 태어나는 것들은 모두
선이 될 것이다

창세기의 창조 법칙들은 건기로 몰락하고
괴멸의 역설법으로, 하나도 예외를 두지 않는
신법의 창조주가 등장하는
무량대수의 환상들, 신기루의 환영들

황갈색으로 치밀어오는 깜깜한 밤이여!
빛나는 온랭의 상반된 극치여!
신의 점염을 불허하는 절대의 순수여!
미세한 몸짓들의 거대한 연대여!
모두 똑같이 작은 공평한 세상이여!
우주 모두로부터 오는 빛을 차단한 채, 새 빛으로 동트는 광야여!
모순이 함몰하여 정치한 지평의 이치여!
혼돈으로 질서를 세우는 빛나는 역설의 언덕이여!
생명보다 더 값진 주검의 거룩한 증거여!
오, 인류가 맞이하는, 마지막 순례의 성지여!

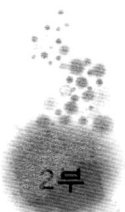

2부

캬, 사랑

독한 열병
빛깔은 선홍빛
가슴 따로가 아냐
그대를 온몸으로 앓고 있지

달개비꽃

간밤에 하늘이 내려와
달개비꽃 파란 입김을 놓고 갔네
하늘은 스스로 까마득한 어둠이 되었네

수많은 날들 무지개 빛을 빚어
온 세상 꽃들에게 불어넣고
마지막 심중의 맑고 파란 빛깔
달개비꽃에게만 서려 주었네
하늘은 텅 빈, 짙은 먹물이 되고

파란 빛이 맑고 투명하기는 처음이었네
산중 여승에게나 쏟는 밑바닥 없는 사랑 같은 것
그리고 눈멀어버린 하늘

달개비꽃은 참으로 서늘한 이슬의 꽃이 되었네
아픈 가시나무 밑에서 오스스 줄기 뻗으며
건기나 우기 아무 때나 마디마디 하얀 순정의 뿌리 내려

하늘과 땅 사이 더듬어 나간 슬픈 사랑
한 뼘씩 하늘의 의미를 채워 가던 꽃
아침마다 턱밑까지 이슬 맺히며
이다지도 사랑이 힘든 운명의 꽃
지상의 밤은 초롱초롱 빛났네
어두울수록 빛나는 별빛처럼
달개비꽃은 하늘이 내려와
눈부시게, 아주 작은 사랑의 꽃이 되었네

잠자리 한 마리

잠자리 한 마리가
높은 가죽나무 끄트머리에 앉아
하늘을 수평으로 다스리고

골똘히 다음 궁리로 갸우뚱거리는
머릿짓이라든지, 햇살 모숨이 그대로
지상에 내리꽂히도록 투명한 날갯짓이라든지,
분주히 허공을 쏘다니다가도 문득 천년의
침묵처럼, 우주를 멈추게 하고
스스로 자신을 가만히 팽개쳐 둔 점이라든지,
그렇게 만상을 가지런히 자신의 몸짓으로 되돌리고

우주의 진동을 날개로 파르르 형용하다가
잠든 듯이 고요를 이끌어내고

잠자리 한 마리가 본시에 가득한 하늘을
쥐락펴락하기 위해

연 띄우듯 구름도 펄펄 날리고

잠자리가 훨훨
사람들 꿈속을 가로질러 날며
우리들 음침한 계곡을 건너가면
금빛 햇살이 일제히 황금의 관악기 소리로
온 천지에 수런거릴 터이니

담쟁이덩굴

서녘하늘 노을이 곱던 날
붉은 감성으로만 줄기 뻗어온 생애
하늘과 황토벽에서 눈빛 마주치다
천지가 보랏빛으로 멍들며
골똘하게 고요가 될 때
담쟁이는 성자처럼
하늘의 말씀에게만 한사코 오르려 한다

시린 어느 방향인들
손 뻗어 다독이고 있었으니
위태한 것들은 얽어 매달며
스스로는 바들바들 이파리마다
한 모금씩 정갈한 계시록啓示錄

구천지하九天地下 전생에서
빼 올린 육신, 영혼은 하늘에서 내려 담기므로
하늘과 땅을 잇는 신령한 손길

이 세상 모든 생령들의 그림자를 엮어
따습게 토담에 얹는
담쟁이덩굴

키 솟는 것들에게 의탁하는 기생寄生이 아니다
굽어 살피며 어루만지려 함이다

담쟁이덩굴 2

한뼘 뻗어 올라, 하늘의 이슬이 되어
자신의 틀을 벗으며 맑은 철학을 하고

한뼘 뻗어 올라, 천지의 어둠이 되어
자신을 비우며 골똘히 명상을 하고

한뼘 뻗어 올라, 온 누리를 건너다니는 바람이 되어
자신의 몸 구르며 붉은 낭만을 하고

한뼘 뻗어 올라, 목숨의 모가지를 한사코 뽑아 올려
하늘의 잠언을 낭랑히 읽다가

마침내 계절의 끝자락으로 나풀거림을 마감하고
무한 허공이 된다

흙담 벽에 앙상한 잔해의 뼈
흙담 벽에 앙상한 푸른 달빛

혀

제4방하기를 건너, 너는
동명을 벗고 비로소 생명이 되었지
인류의 꿈은 언제나 꿈일 뿐
너는 현재에 다 닿아
살아있음을 낼름거렸지
지상의 목숨들 거느리고
습한 동굴에서도 붉은 식욕은 거침 없고
바다 밑을 온통 휘모는 문어처럼
너의 연체軟体는
지상을 자꾸 굽질렀지

움찔거리면 생명
현란하게 요동치면 웅변
너는 호모사피엔스 이래로
잡아먹는 본능으로
종족을 번식시켰고,
우주를 타고 앉은

제일 건방진 거짓말쟁이

말하라, 이제부터는 턱을 열고
진실만을 밖으로 쏟아내라
네 말씀의 온기로
온 세상이 빛날 때까지

민달팽이가 간다

맨몸으로
험한 세상을 나선다
촉촉한 녹색 밤을 이끌고
탱자나무 가시 위로도
매끄럽게 걷는다

사람들은 백 리 변방을 다녀와서도
제 집에 담겨 있지만
그는 한 번도 되돌아오는 법은 없으며
몇 뼘쯤은 확실하게
우주에 길을 낸다
은하가 밤하늘에 금을 치듯이
달팽이도 풀잎에 은빛 줄을 긋는다

둥근 지구를 언제나
그는 평평하게 편다
하늘 아래가 그의 둥지다

유아독존천상천하唯我獨尊天上天下
온갖 사유思惟를 더듬어 나가는
어둠의 정복자

동강할미꽃

정선아리랑은 강원 산골짝을
구절구절 굽이치고
감춰둔 순정 다소곳이
한 오백 년을 거뜬히
바위 틈에 서렸다가
마침내 하늘을 노을빛으로 다 태우고야
스스로 가슴 활활
붉게 나부끼었느니라

한은 깊어 푸른 동강
고단한 천릿길
순한 백성들의 생애는 서글퍼
느려터진 가락, 천에 만 박자
석삼년 가문 날 조선 강산은 아리고
남루한 무명베옷 배어나오는 선홍빛
울컥 터지는 피울음
이제사 하늘 향해 꼿꼿이

목울음 터뜨렸느니라

백두에서 태백까지
착한 백성들 서로 등판 기대며
오백 년도 천 년도 목숨줄 붙였느니라
하도나 서러울 땐
옷고름 확확 풀며 내달아
얼얼한 봄 기슭 바람도 되었느니라
젊은 새악시가 할미가 될 때까지
달랑 지아비 하나 받들며
동강 동강 물줄기 따라
정선아리랑으로 사무쳤느니라

징검다리

인생은 점묘 화폭
큰 점 작은 점 찍어가면
목숨들 그늘까지 조잘조잘 살아난다

군데군데 생生의 무게로 돌을 놓고
징검징검 건너뛴다
조바심 한 발 두려움 두 발
퍼뜩 스치는 생각, 텀벙 물길에 놓치고
환청의 생애가
꿰어져 물길로 흘러간다

도시의 밤은
까마귀보다 더 까만 어둠의 여울
도시의 길섶마다 쏴하니 더 시리다
가난한 불빛들의
점묘 행렬
전철들도 징검다리를 건너며

새벽부터 덜컹거린다

우리는 우수 경칩부터
고단한 세월을 마디마디 건너간다

파랗다는 것

하늘이 천년 만년
하늘에 웅크리고 있으려던
저리 파란 진리의 기색이어야 하지
온갖 색깔의 꽃들은
하늘을 머금다가
퍼뜩 순간에 지고
그때에도 하늘은 여전히
파란 기운의 계시록啓示錄
영원을 하늘에 가득 채운 채
파란빛이 아닌 것들은
순간의 목숨으로 저물게 하고

맑을수록 파란 호수
어디 더러운 곳에 하늘이 잠기던가
사람도 도道 깊으면
낯꽃이 환하지 않던가
때낀 무리들은 야행성夜行性이 되고

불쌍한 조상들, 죽음의 명계冥界에서도
파란 저승을 얻어야
영혼이 평안해지는 법
지상의 선한 일들도
높게 쌓이면 하늘빛
참으로 진정한 아름다움은
전신으로 파란빛 번져 나오지

연분암 백일홍

일 년 중 백일쯤은 내내 붉어라
호호백발 보살님 뺨에는 홍조

백일 지나 백팔일째엔
이승의 난간에 걸리는 독경 소리
아직 벗어던지지 못한
사랑, 연분 위에 얹고

머슴새 초하의 숲을 건너올 적
호올로 흰 나비가 될거나
붉디붉은 인연 훨훨 떨치고

눈 오는 벌판에 서서

너는 알리라
얼마나 떠나왔나 생각할 때
줄곧 제자리에 서 있었음을
어디에서나 추운 눈밭
역사는 제자리에 엎드려 있고
사람의 집들이나 무덤까지
생사의 개념까지 증발해버린
새하얀 표백
새들은 한 생애 울음만 울었고
그 울음들 눈발로 소리없는 흩날림
너는 어제가 오늘 위로 덮여 옴을 알리라

지구의 발성들
온 누리의 색깔들
모두 삭고 삭아서 설경 하나 펼치고는
햇살도 숨 막히는 부호로 몸 바꿔
흩날리는 어슴푸레 대낮

우리의 신념을 펄럭이던
깃발도 하강의 진리에 묻혀버렸다
기적은 간신히 그의 한 줄기
음울한 신호를 끌고 간다
그때에 다만 검은 선 긋고 흐르는 기차 한 토막

노을

사람의 한 평생 마지막 장章을
저리 빛깔 도운 만장輓章으로 내걸 수 있다면
인생의 찌꺼기는 다 돌무더기에 묻고
영혼은 마알간 투명체
혼불은 훌훌 떠들려서
서쪽 하늘 우두커니 붉다가
꽃보다 더 빛나게
스르르 목숨을 마감하는구나

삶의 어두운 무게는
천지 사방에 벗어 던지고
남루에서 신비한 알맹이만 번져 나와
펄럭이지도 않아, 가만히 내걸어
눈귀 모두 트이고
잔잔한 무슨 선율도 흘러
실체 없이도 저리 빛나는구나

결국
빛의 영혼이로다
우주가 제대로 한번 빛냄이로다

대밭에서

어둠을 어둠에 잇대어
마디마디를 하나로 꿰어내는 결속
모순과 아픔들이 모여
결기 세우는 정의가 된다

속빈 나약함과 여림 이어붙여
짙푸른 하늘을 저항하는 굳센 신념이 된다

자잘자잘 이파리들 끊임없는 속삭임
자유, 민주, 평화의 의미로 일렁이는 시늉들
함께 지상을 덮어가는
푸른 함성이 된다

대밭에 들어가 보라
다 비워내고서야 차오르는
칙칙한 세상의 그늘
초록빛 우련히 아득한 진실의

울림으로 아리어 오던 것을

자신을 칭칭 회초리로 감아
무한히 스스로를 채찍질하며
오직 자신을 다스리는 것만으로
세상을 꾸짖는다
잠을 자되, 잠들지 않는
영원히 깨어있음
서로 흔들어 흔들어 굳세게 일어서는

꽃에게

한 천년 되었을까
파란 정적으로 묵혔다가
한 깊은 눈물샘
가슴 퍼렇게 다독여
꿀샘이 되기까지
별빛도 영롱히
이슬이 된 영혼으로
밤을 밀어낸 뒷자리를
촉촉이 꽃에 내리기까지
천지의 아득한 밤 더듬어
온갖 아름다움을 딱 하나로 형용하여
그가 꽃으로 오기까지

오, 더디 온 사랑이여!

정갈한 몸짓
이 세상에 가장 순순한 울먹임

차운 들녘에서 목숨 곧추세워
한 접시 새벽을 받쳐들고
나에게 몰려오기까지
와서, 나의 융숭한 눈빛에 닿아
사랑으로 고이기까지

오, 더디 온 사랑이여!

아프리카의 아픔

1
아프리카 어린이들
영양실조에 걸린 까만 눈동자
빛나게 검은 별이 된다
파리떼도 따라간다

2
아프리카의 널따란 가난
영토는 넓지만 앉을 곳을 찾지 못해
미국 헬리콥터가 그냥 지나간다
식량과 약품 가득 싣고
이승은 건너뛴다

3
아프리카 나라들 국기는
무슨 이념을 선언할까
그냥 헝겊쪼가리 펄펄……

애국은 개똥

4
아프리카는 골골이
아프다, 띠앗띠앗
사막을 딛고 가는
목숨들의 발바닥부터 아프다

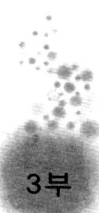

3부

아카시아꽃밭

맨 처음은 가시로 총총 둘러치고
모든 이웃들을 거부하던 몸짓
모난 제국의 처절한 칼날도
막아서던 처녀림
그들은 시린 계절마다 더욱 일어섰다

처음은 그랬다
서로가 찌르고 찔리는 반역의 땅,
상극의 시대를 건너
일으켜세우는 함성
소곤소곤 귀엣말로만 번지던
이파리들, 신념의 파들거림
승냥이들 울음의 그믐밤을 지나
동녘에서부터 차차 물들어 오던 충혈의 눈빛
아, 우리끼리 우리끼리만
진땀으로 송글송글 맺히는 신열의 꽃망울들

천지가 화들짝 놀라는, 하늘의 진동
일제히 무슨 만세 소리, 수많은 파도 소리
따로따로 그리하여 함께 하늘을 여는 개화
이제는 가시밭이 아니다

모든 목숨 내걸어 꽃의 생명이 되는
온몸 체온이 모락모락 향기가 되는
혼신으로 여미어 순백의 제단이 된다
지상에서 가장 태초의 순수 그대로
이웃들을 불러들이는 깃발들

가을날

호수 위 연잎 건너가는
건기의 햇살도 바스락거리는
풀벌레 발자욱 소리이다
미루나무 그림자가 강물에 골똘히 잠길 때
우리는 계절의 숨결을 가슴으로 젖는다
온 세상 무성하던 함성들
쉬리리, 피리 구멍 속으로 잦아들었다

매미들은 벌써 울음통을 비우고
소리 대신 눈망울에 노란 은행잎을 담는다
동구 밖에서 등 굽은 할머니가
숨 몰아치며 귀가하는 모퉁이에서
허무의 호박잎이 바스라지고 있었다
가을날 농촌 마을은
조용한 옛날 옛적
가을이 노랗게 늙어가고 있다

도라지꽃

시린 계곡에
바위 서리 푸른 도라지꽃
하늘이 몸서리치며
푸른빛으로 다녀갔다

밤하늘 모든 별빛으로도
말씀 다할 수 없어
푸른 의미의 이슬 함뿍 쏟아
한세상 넘치고도 남을
눈물이 되었다

꽃은 잠들지 않는다
기억의 저편에서
잠을 뚫고 몰려나오는
묶음의 나팔 소리

지진의 울음이 음습한 산맥을 굽이쳤다

산천초목의 마구 떨림
내밀한 가슴 깊이에서
무엇인 줄도 모르고
겨워겨워 밀어올리면
사람들의 한숨
서러움이었던 것
꽃은 푸르게 밤낮없이
울고 웃었다

무인도

해와 달
바다에 빠진 영혼
짠 물기를 털고
내건 양지

아주 고운 빛깔의
영혼들이 깃들어
무인도는 성지가 되었다

사람들은 아직 오지 않았다
무인도는 역사가 없는 지층의
언제나 현재

왈깍 쏟아낸 신령한 목숨들의
눈물이었거나
찌꺼기 다 퍼낸
맑은 영혼이었거나

옛날 아름다운 전설이
이제야 소록소록 피어나는

무인도가 옆구리로 뿜어낸
파도에서는 흰 거품이 일고
천상의 소리들 나직나직 별빛으로 내려
물결 일렁이는 너울이 되고
다 살아나, 무인도 솟아서
언제나 무지개의 뜨락이다

진달래꽃 지다

우리들 가슴속 깊이 여미던
신념의 붉은 반점들
화심花心에서부터 우러나던 반역의 얼룩
우리가 봄의 잔해를 건너
다다른 절애絶崖의 여름 앞에서

시간이 없다
두견새가 간밤을 목놓아 울고 갔다
옆구리에 젖어드는 메아리의 먼동
곧 가문 계절이 들이닥친다
숨는 것만이 능사가 아니다
도마뱀 꼬리처럼
아픈 제 그림자를 잘라먹고
당당히 노출되는 생애여야 한다
이제는 우리가 몰려갈 차례다
짙은 함성의 뙤약볕을 헤치며

산골짝산골짝 차오르는
낯선 이념의 신록
진달래꽃이 진 후에는
황량한 이적異賊의 땅이 될 것이다

검은바람까마귀

열대 어느 섬나라를 떠나
표류한 검은 하늘 한 자락
제주도에서 한 마리의
검은바람까마귀를 본 일이 있었다

이 세상에 검은 바람이 있던가
그 까마귀는
검은 울음, 검은 날갯짓,
검은 생각을 그리고
나중에는 검은 바람이 되는 것이겠지

우리도 검은 운명을 절반쯤 띠고
검은 길을 가는 게 아닐까
우리에게 검은 세상도 보라고
검은 눈동자를 가진 게 아닌가
검은 속 깊이 빛나는 철학이
깃을 치고 활활 떠오르는 게 아닌가

아, 남원

남원은 박물관이다
살아서 꿈틀대는,
사람들 생애는 제각각 소설이고
골목골목은 전설이다

땅을 파면
빛과 어둠이 반반씩 쏟아져 나온다
산 사람과 주검이 도란도란 이야기하며
만 명씩 구덩이에 묻혔다가
노랗게 뻐꾸기 울음으로 돌아나온다
조선의 난리는 예서 이미 녹슬고
제비꽃만 한 맷혀 그렁그렁 퍼렇다

남원의 요천은
은하가 밤마다 내려와 흐르는 강
별빛 반짝반짝, 은빛 은어떼
순한 농부들 더디게 걷는

논두렁길 가랑가랑 따라가면
만복사 부처님만큼 눈웃음 자비로워

남원의 사랑은 이별이 없다
어제 이별이었다면 오늘 다시 맺어지는
춘향의 사랑
남원은 가슴 깊숙이
조선 사람들의 고향이다

홀로 남아서

새봄이 짙어질수록
강의 물결은 세차다
골짜기에 묶여 있던
고자배기와 계절의 음산한 잔해
부수고 녹여서 이끌고 나간다
소금물 철썩이는 곳까지

산맥의 허리마다 덮어 누르던
온갖 시린 이념들
냉기 서린 반동의 칼바람
붉은 물줄기로
시대의 강변을 윽박지르며
골골이 바다로 몰고 나간다

얼마나 끝없이 번지던
핏빛 노을이었던가
어둠을 분쇄하는 선구자는

떠나며 자신을 버린다
아픈 강바닥을 후비면서도
강변 곳곳에 푸른 의미를 얹으며

강의 함성은 분해되어
낱낱의 분절음, 안개로 끼어
아득한 하구의 적막
죽어간 소리의 뒤켠에서
다시 일어나는 정갈한 강물 소리

피아노 건반 안섶에 파닥이던
제각각 색깔 다른 음조
숨은 목숨줄 출렁거릴 때
뭍에서 씨앗들 천 길 깊이
생명은 여릿여릿 움트는 것

사람들은 어제의 그림자를

강물에 띄운다
허물 벗고 더 울음이 커지는
매미처럼, 강은 새로운 울음통이 된다

은행나무

남해 다도해 근방
여객선 난간에 떨구던
쓸쓸한 사람들 언어
뱃길 따라 결결에 얹히기도 하고
후울쩍 노을빛으로 세상 떠돌다가
옛날 사람들 전설처럼
나직나직 쏠려서
한 움큼 서러워진 은행나무

은행나무 이파리들을 보아라
모두 무성한 소리였던 것
익어서 고운 빛깔이 되는,
그리고 다시 서리 벤치에 내려
골똘한 의미가 되지 않던가

잎과 잎, 빛과 빛, 그리고 모든 계절들
다 떠나고 나면, 가쟁이들은 또
가만히 철학을 웅크리고 서 있지 않던가

편지가 되지 못하는

바닷가를 종일 걷는다

파란 종이 위에
하얀 가로 문장 결결을 밀어올린다
왈깍 서럽게 무너지며
구겨 버린 휴지

습작의 시구는 철썩철썩 뭉개어지고
네 발치에
더 이상 한 발짝도 다가가지 못해

되돌아서며 파랗게 우는구나
편지는 붉은 네 심장의 우체통에 이르지 못해
하늘에 낱낱이 흩날리는 어구들
하이얀 소리의 갈매기떼

하늘도 바다도
파랗게 막막해

도시의 비둘기떼

비둘기떼는 공복을 채우기 위해서만
땅에 내린다
도시의 꿈결을 빙빙 돌며
말끝마다 구구구 하며
얼굴이 어둔 사람들 행운을 빈다

하늘은 그냥 하늘에 놓아두고
샛강은 흐린 채 흐르게 그냥 펼쳐놓고
교량 하나만 얹어 겨우
교각의 틈새 하나에 삶을 꾸린다
다만 사람들 부주의 한 톨씩 쪼을 뿐

교량 위로는 거친 화물차 지나가고
이삿짐에 얼굴 묻은 이주민들 흘러가고
한바탕 분노 띤 노동자들 구호도 넘쳐가고
비둘기떼는 교각 밑에서 구수회의鳩首會議 구구구

도시를 어둠이 짚어 누를 때
몇 구간 건너 어린아기
영혼의 불꽃 꺼져갈 때
비둘기떼는 가슴에서 끓어오르는 구구구

이 세상에 비둘기떼가
우리와 함께 살아간다는 것은
참으로 다행이다 신들이 떠난 곳곳을
비둘기떼가 울어 준다는 것은
도시의 단 하나 행운이다

가다가 가다가 우리 꽃무리가 되자

이쯤에서 우리의 하늘을 틔우자
우리의 마음들이 고요롭게 익는 계절까지
이쯤에서 우리의 광활한 영토를 열자
눈 시리도록 아스라한 지평선까지
우리의 운명이 차운 계절을 지날 수 있게
망망한 가슴에 선혈이 도는 심장을 빚자

어둠이 소스라쳐 벼랑으로 내쫓길 때까지
빛무리를 이끌어, 그대 손목 이끌어
그대 체온으로 내 가슴 설레는
빛이 초록 목숨의 소리가 되도록
목청껏 우리 하늘을 깃발처럼 펄럭이도록
자, 그리하여 무지개가 이 벌판에서 저 광장을 잇는
푸른 초원에 우리의 영혼을 깃들게 하자

자, 이쯤에서 기쁨의 눈물도 만들자
가다가 가다가 꽃무리가 일어나도록

들녘엔 새떼가 날고
천지가 술렁이며 모두 노래가 되는
우리가 서로 우리라 부르도록
사랑하는 것 빼고는 다 놓고 떠나와
서늘한 산천에 몸만 와서 뒹구는 우리가
정말 우리가 이쯤에서 새로이
우리 운명을 짜자꾸나
아! 이름하여 그대 눈부신 신부여

원룸시대

침묵 한 칸, 어둠 한 칸
의미 하나 끼어들지 못한
아라비아숫자의 문패
누에고치처럼
제 안에 저를 가두는 결박의 시대

언어는 증발되고
사람의 온기는 싸늘하다
이따금 바스락거리는 생존의 본질
밭은기침이 가끔 들창을 흔들지만
되돌아와 무의식의 관절만 울린다

낮에 낮에는 더 짙은 고요
재빨리 어둠이 밤보다 먼저 와
복도를 채곡채곡 채운다
누에의 뽕잎 갉는 소리
사람들은 이렇게도 연명하는가

가로등 불빛이 새어 와도
나방이 한 마리 날지 않는다

한 칸은 철학자의 고뇌
한 칸은 실업자의 우울

문득 하이힐 뒤꿈치가
계단을 찍어 오르자
고요는 유리판처럼 쩌엉쩡 금이 가고
박제의 유리 상자가 깨지는 듯
인간 환생의 환각

잠재의식의 도시를
가로질러 가는 가로등 행렬

섬

바다가 온 천지를
얼마나 거칠게 다스리고
하루도 몇 번씩 밀물 썰물
로마군단처럼 파도를 이끌고 밀어닥쳐
해변을 초토화시켰으면
몇 만 년 견디다 견디다 못해
불쑥 혁명처럼
섬을 일으켜 세웠을까

짜디짠 물결의 진압을 거부하고
해풍까지 염기로 윽박질러도
골방에 숨긴 예쁜 처녀애들처럼
벼랑으로 둘레를 막아
원추리꽃들 곱게 길렀을까

갈매기들도 한 생애 바다를 넘나들며
어쩔수 없이 저 바다의 무시무한

시퍼런 횡포를 잠시잠시 벗어나
바위 등걸에 부리를 비비고
소금기 절인 날개깃을 털고 또 털었을까

하여, 모두 울며불며 하면서도
얼마나 밤이 무서웠으면
섬 등대를 세우고 천년 만년
우리끼리 살아가자고
달의 반쪽 내리받아
계수나무랑 절구통이랑 뜰에 놓고
섬 하나, 정갈한 목숨 일으켜 세웠을까

검은 진주

검은 빛으로도 영롱하게 빛난다는 것은
천길 속 깊은 곳에
다독다독 고운 빛깔 감추었으리
밤이 온 누리를 덮을 때
하늘의 거죽을 삐죽삐죽
별빛 새어 나오듯이

도道 깊은 스님의 눈빛은 영롱하다
까만 눈동자가 형형하여
빛나는 말씀 풍겨 나오고
깜깜한 침묵으로도
암암리에 뻗치는 영롱한 진리

사랑하는 사람아
그대 정갈한 사랑 가슴 깊이 여미어
아련히 내비치는 순진무구의 검은 눈빛이리
마침내 활활 불꽃이 되던 것을

개개비와 뻐꾸기

개개비가 뻐꾸기를 기른다
부지런히 울음통을 키운다
속아서 남의 새끼를 기른 게 아니다
조상 대대로 유전해 온 슬픔을
이산 저산 헤매며 대신 울어달라고
수많은 무덤들을 조상해달라고 주문한 것이다
'뻐꾸기 너라야
샛노란 울음, 푸른 하늘까지 퍼지게 할 수 있다고'
그런 생각까지도 본능인 것이다

4부

깃발

노란 민들레 솜씨 날아간
하늘의 꿈 그 언저리로
저무는 하루의 끝자락까지
달려나간 몸짓
펄럭이므로 생명이 되는,
먼동을 깨우며 나부끼는
바람의 영토

한 생애 번지는 것이다
누렇게 세월에 물들며, 또는
계절의 여백으로 스미는 것이다

형용이 무늬가 되도록
하늘을 전신으로 굽이치다가
무엇이나 이념하는 바람과
아무것이나 선언하는 좌우 엇갈림
함께 목숨 마감하며

어둠의 어깨 짚어 내리고
역사의 시린 뼈대만 솟는다
정해진 운명은 몰락, 그리고
끝내 의미를 놓친 무념의 깃 파란波瀾

바람과 꽃

바람이 전생을 건너올 때
한 생애 꽃에게 물들고자 하였으니
꽃의 향기가 바람의 전신에 절어
바람은 마침내 꽃의 숨결로 생명하지
이승의 강산은 바람이 떠돌다가
꽃이 목숨에 불 밝힐 때
바람도 꽃의 영혼에 끼어들지
함께 천하를 떠도는 아름다운 유랑

바람에게는 빛과 향기가 없지만
꽃이 간절히 바람의 안섶에 풍기어
바람의 형용은 시작되고 드디어
온 천지에 꽃말을 전하며
바람도 형형색색으로 유전流轉하다
꽃과 함께 퍼뜩 밤이 되지

꽃의 목메임이 바람의 언어로 맺혀

송글송글 이승의 운명에 젖고
내세에도 꽃과 바람은 함께 태어나지
바다를 떠도는 바람은 바람의 환상
사막을 떠도는 바람은 바람의 유령

꽃과 바람이 목숨 마감하는 날
꽃잎도 하염없이 흩날려 바람의 몸짓이 되지

월명공원에 서서 - 고 최영 시인을 추모함

군산 풍물기를 쓰며
군산의 과거를 한사코 깨우던
그대, 스스로는 과거가 되어버렸는가
일본식 건물 뒷골목 음산한 계절을
바바리코트 휘날리다가
퍼뜩 어둠이 되어버렸는가
그래서 그대 모든 생전의 시늉이
서해 시퍼런 멍으로 되오는가

월명공원에 달마저 스러지는 저녁 어스름
어둠은 수많은 어둠으로 펄럭이다가,
동틀 무렵엔 뿌옇게 바다가 열렸지
그대 목소리들 잔잔히
만파 거느리고 되오는 빛의 메아리

인생이란 무엇인가
물음을 띄워 보낸 만 이랑의 썰물

수평선쯤에서 하늘 닿게 새파란 공허
다시 해변을 조요조요 걷는 도요새 걸음에서
묵음의 점점을 내리는 빗낱에서
하얗게 질려서 되돌아오는 밀물의 여울에서
한 목숨 소리로 떠났던 그대
빛으로 다시 저며오는 신령한 그대를 보네

파도

하얗게 부서지는 파도에게
섬은 일러, 신비로운 언어를 얹는다

수평선까지 떠돌던 파도는
어느덧 언어를 잊고
궁색한 몸짓만 한 생애 출렁이다가
파란 정적이 된다

섬을 떠나야 바다는
밤보다 더 짙은 어둠이 된다
사람들은 모른다
그때, 신령들이 강림한다는 사실을
무수한 별들이 쏟아져
새로운 언어를 빚는다는 것을

바람의 제국

바람의 눈빛들
모두 한데 모으면
환한 하늘이 된다

바람은 신보다 더 은밀하게
만물의 생명을 깨운다

깜깜한 것들에게 일렁일렁
바람 몇 줄기 흘러들어
청잣빛 먼동을 틔우고
그리고 바람은 뼈대만 남아
층층이 돌탑이 된다

아픈 세상을 돌아왔다
스스로는 목소리를 비워
드디어 일으키는 만물의 함성

온몸으로 휘젓고 다니는 바람
바람의 제국에서는
흔들리고, 부서지고
온갖 목숨들에게는 숨결을 불어넣고
마침내 넓어지는 바람의 영토

사람들 가슴마다
바람결 무늬가 새겨진다
부지런한 자유의 번짐
짓누르는 무게를 흩이며
파르르 나부끼는 괴목나무 이파리들
사막의 모래먼지까지 생명을 눈떠
몰려나가는 바람의 제국

바람의 역설법

바람이 '나' 하면서
곧바로 '너' 가 된다
바람이 '여기' 하면서
다시 '저기' 가 된다
바람이 '흔적 없음' 하면서
벌써 나뭇가지를 흔든다

바람은 속이 비어있다
그러므로 피리 소리에도 꽃향기에도
바로 물든다
하늘을 서성이던 모든 빛
사뿐히 내려와 바람에 담긴다
눈 없이도 밤을 휩쓸고 다니며
언덕이란 언덕은 굽이쳐 넘는다

세상을 점지한 모든 운명들이 모여
바람의 운명을 만든다

깃발을 흔들어 깨우고
바람은 자신도 뭉개며 회오리바람이 된다
하늘 높게 올라 그을리는 바람

바람은 참 신기하다
꽃에서 나와, 꽃잎 흩친다
바람은 스스로 풀어져 후생의
온갖 씨앗이 된다

바람 도깨비

바람은 바다를 건너와도
짠맛에 젖지 않는다
새떼의 아우성 속을 빠져나와도
한줄기도 소리를 띠지 않는다
하늘이 푸른빛이나
하얀 물결의 너울거림
바람은 아무것도 물들지 않는다

바람은 꽃 색깔을 머금지 못해도
오직 향기만은 담아온다
먼 미래로 유전하는
민들레 씨앗도 퍼나르며

바람은 스스로 체온을 얹어
만물에 깃든다
건기乾期,乾氣를 매양 문지르다
검은 구름떼를 만나면

물기로 머리를 산발하고

한 생애가 도깨비처럼
'있다 – 없다'를 반복하다가
마지막 '흔적 없음'이 된다

바람은 인간에게 철학을 한다
천지를 가지고 시간, 시간을 다르게 노는
스스로 무형의 미학美學

오, 부안

하루가 뉘엿뉘엿 가장 긴 부안
어제의 햇살 꼬리 한 자락도
아직 바다에 남아 움찔거리네
옛것이 되살아나와 찬란히 빛깔이 되는
상감청자며, 주검도 빛으로 괴는
고인돌까지, 한 천년 되었을까
조선에서 제일 살기 좋다는 고장

바다는 연방 산자락 더듬어
사랑을 훌쩍거리고
밤낮없이 그리움 뻗어내리는 산맥들
골짜기마다 철철철 물소리
산사 안개 뒷자락으론 독경 소리
인생들이 곱다가 곱다가
해안길 설핏 노을이 되는

학문이 번쩍 눈 뜨는 고을

질럼질럼 예술이 샘솟는 고향
큰 인물 돋우며 정 넘치는 곳
다시 한 천년 설렐까, 부안 정경은

친구의 죽음

정희수 시인이 죽었다
병 깊숙이 이만 킬로쯤 물밑으로
그의 큰 영정사진 한 장
그의 또렷한 눈망울 영혼
일렁거리며 마지막이 되었다

췌장이 못쓰게 되어
성하던 다른 장기들까지 이끌고
싸늘한 주검이 되었다

그는 죽음이란 것을
겁없이 덜컥 껴안고 저승길로 떴다
하늘나라이거나, 깊은 물속이거나
구천지하 땅속이거나, 가는 길은
몇만 리, 몇만 년의 겨울

이승의 일 한줌씩, 착하게 살다가

이승에는 달랑 외상으로 난화분값 이만 원
갚아 달라 하고는 스르르 눈을 감았다
남은 이들 가슴 아프게 한 외상값
몇만 냥은 어찌하란 유언도 없이……

그는 신 앞에 단독자로 떠나서
공동묘지 땅 한 평, 유아독존이 되었다
많은 주검들 사이에 '어디 나도 한 자리'
끼어들며 무상의 '없음'이 되었다

조문객들이 서너 명씩
향불 놓고 두 번 절하고
이별의 의식은 이것으로 끝
너에 대하여 원고지 두 장 분량
추억하다가 객들은 목숨 챙겨 일어섰다
상복 입은 유족들만 검은 눈물
생과 사는 이쯤에서 갈라섰다

그래 너는 너고 나는 나야
아느냐, 우리는 저녁밥 챙겨먹고 집에 가련다

네가 간 곳은 아마 시커멓게
아득한 밤이겠지
살아있는 우리도 하루의 절반은 밤이란다
그래서 우리도 죽음을 하루 절반씩
연습해 두는 게지

그런데 너는 정말 갔구나
아주 아주 멀리 떠난 거잖아
너는 피안의 언덕에서
검은 기를 흔들고
나는 차 안에서 흰 기를 막 내리려는 참이고
경을 마냥 읽어도 너는 못 듣잖아

너는 시인이니 저승에 가서도

시를 영원히 읊어라
네 묘비에 푸른 이끼 감돌면
그게 네 시의 의미이거나
너의 눈물인 것을
먼 훗날까지 공경하며 읽을 수 있도록
너는 살아있는 영혼으로 기억할 수 있도록

강의 울음

강은 갈대밭으로 들어가
함께 후북이 울음이 되었다
갈대는 가늘게 떨리며 울고
강은 퍼렇게 속 깊이 울었다

두 울음이 산천을 감돌다가
끝없이 바다의 울음이 되었다
짠 이야기들, 사람들 그림자까지
몰고 나가 짜디짠 바다가 되었다

사람들 생애가 끝날 때쯤
사람들 눈물이 강의 울음이 되었다
울음이 되지 못했던 하늘과 산이
그렁그렁 굽어보며 울음이 되었다

바다는 세상의 일
다 모아서 큰 울음이 되었다

태초부터 모든 생령들의 영혼으로
울음이 번진 것이다

살아있는 것들의 영혼은
모두 울음으로 이루어졌음을
골백번 저녁노을이 다녀간 뒤에야
어렴풋이 사람들은 알았다

화가 하반영

이 땅에 화가 한 분
조선의 산야에 강 하나 내고 있었다
낙동강 상류에서 하구까지
죽 내리긋는 감청색 물길
거센 감성의 여울로
온갖 샛강들이 모여들어 소용돌이도 치고
강안江岸을 거푸 때리던 운명의 강
스스로 어둠을 물감으로 풀어
강줄기 하나 갈숲으로 잠행하고 있었다

그의 붓길은
푸드렁거리는 물새도 띄우고
하늘까지도 비워놓지 않았다
스스로 만물에 비춘다影고 했다
만주에서 한라까지
이승 저승, 골짜기까지 다 그리고,

강물이 은하처럼 침묵하기 시작할 때
그의 가슴으로 푸르게 물들던
깊이 깊이 오감五感,悟感의 강

그림은 그리는 게 아니라
영靈의 숨결을 담는 것
이때 별들을 이끌고
하늘이 내려와
강은 문득 고요한 천지天地가 되었다

문패

1
바닷새가 한 생애 내걸던 문패는
날개 끝 조롱조롱 쪽빛 바다
새의 눈빛 푸르게 뚝뚝 지고
눈물 방울방울로 바다가 속 깊어졌으리
새의 삶은 종일 퍼덕이는 일
저리 파도들 하얀 몸짓으로 일고
바다를 더듬으면
물새의 생애가 보인다

2
서늘한 숲 그늘 헤매던 승냥이의 삶
그의 핏빛 살기가 어느덧
서산 노을로 걸리는 문패가 된다
살생의 전생 업보로 눈도 충혈되었으리
거친 표효를 가두는 고요
결국 그의 생애도 허무가 스며들고

그 빛깔은 붉은 노을

3
사람의 이력은 검은 먹물이다
문을 나섰다가 문을 들어서는 어둠
잉걸불이 식어 검은 숯이 되듯이
금물 씌운 문패도 어찌 삭지 않겠는가
사람의 문패에서 번져나간 어둠들이
골목골목 가득 채우고
마지막 한 촉의 영혼도 깜박 꺼진다
문패는 둥둥 동구 밖을 떠돌다
마감한 생애의 묘지명이 된다

나무의 사계

봄에는 쌩그르쌩그르
사랑하고

여름에는 푹푹
잠이 익고

가을엔 바스락바스락
시를 쓰고

겨울엔 강글강글
경을 읽는다

찔레꽃

내 유년 시절
『주역』을 다 왼다는
할아버지 한 분이 사셨다

내가 생각하기엔 그 『주역』이란 것이
철학쯤 되거나 무속이었던가
아니면 하늘의 이치를 깨닫는
무슨 예언 같은 것이었거나,

글도 말씀도 아니하시지만
먼 길 떠나는 그의 하얀 두루마기를
동네 사람들은 경이롭게 바라보았다
할아버지는 있는 듯, 없는 듯 사셨다

찔레꽃은 꽃도 아니고 가시도 아니게
먼 들녘에 피어나 길 떠나는
그냥 하얀 한 더미 미소였다

여명의 소리

숲의 먼동을 카랑카랑
쇠북이 울어

나무들은 모음으로
풀벌레들은 자음으로
벌컥거리는 숲의 소리

숲을 비끼며 외줄을 걷는
달팽이들의 무명無明의 목청

함성을 잠재우려 안개 자락은
척척 숲 위에 걸치고

그래도 왁자지껄 소나기는 몰려오지
빗방울 하나하나 영롱하게
제 가슴속 어둠을 퍼내며
스스로 빛이 되거나
하늘을 쪼개며 우렁우렁 소리가 되거나

산사의 일기

승방 툇마루에 엎드려
나그네가 막 신발끈을 맨다
신발 앞부리는 뙤약볕
햇살 몇 두름이 처마 양철받이를
토닥토닥 짚어 내린다

한 나절 익어가는 독경 소리

토방을 돌아나온 젊은 여승은
파스라니 창포의 얼굴
치렁치렁 회색 장삼 거느리고
그늘 깊은 뒤안으로 돌고,

마당귀에서 참새 서너 마리
한 톨씩 정갈한 독경 소리를 쪼는 중

산사 쇠북 소리 구릿빛으로 내려가고

아랫마을 교회당 종소리는 카랑카랑 올라오고
구리쇠 울음들 막 서로 엉키다가
이내 원추리꽃 노란 망울이 된다

■ 해설

궁극적 자기 긍정과 타자를 향한 확장의 서정
- 소재호의 시세계

유성호(문학평론가, 한양대 국문과 교수)

1.

우리가 잘 알듯이 서정시는 현실과 꿈의 접점에서, 혹은 그것들이 이루는 첨예한 긴장에서 착안되고 발화된다. 그래서 이성적 통제에 의해 현실을 파악하는 일과 정서적 운동에 의해 꿈을 가지는 일은 서정시를 구성하는 양대 축이 된다. 자연스럽게 서정시는 복잡다단한 현실을 순간적으로 드러내면서도 그것을 넘어설 수 있는 마법적 혹은 상상적 대안 세계를 마련하여 현실과 꿈의 경계에 자신의 정체성을 세우게 마련이다.

일차적으로 소재호 시편들은 속 깊은 마음을 통해 전해지는 낭만적 회감回感의 세계로서, 이러한 서정시의 기율을 남김없이 충족하는 속성을 지닌다. 가령 그는 글썽이는 시선으로 세상을 투시하고 거기에 자신을 던지는 낭만적 모험의 시인이다. 하지만 그는 또 다른 면에서 보면 뭇 타자들에 대해 한없이 따뜻한 언어를 주고, 자신을 향해서는 견결한 성찰의 언어를 주는 견인주의적 현실주의자이기도 하다. 이러한 복합성이 그의 시편들로 하여금 우리 시대를 끌어가는 구심력의 정신으로 나아가게 하고, 더러는 우리로 하여금 현실을 벗어나 더욱 원심력을 가지는 향원익청香遠益淸의 세계로 들어서게끔 안내하기도 한다. 이제 그 세계 안으로 들어가 보자.

2.

먼저 소재호 시편은 시인 스스로 자신을 탐색하고 성찰하는 이른바 자기 확인의 속성으로 충일하다. 일찍이 서정시의 자기 탐구적 성격은 매우 고유하고 각별하게 승인되어온 바 있지만, 소재호 시편에서 그것은 사물들로 시선을 한없이 확장했다가 다시 자기 자신으로 귀환하는 일관된 특성을 지닌다. 이처럼 그의 시편은 진정성 있는 자기 확인의 모습과 함께 우리가 살아가는 삶의 원리에 대한 사유와 감각을 아름답게 보여주는데, 그래서 우리는 그의 시편을 통해 삶의 편재적 비애와 그것의 치유 그리고 넉넉한 자기 긍정에 다다르게 된다. 소재호 시인이 그러한 자기 긍정의 과정에서 불러들이는 소재는 단연 '꽃'이다.

> 간밤에 하늘이 내려와
> 달개비꽃 파란 입김을 놓고 갔네
> 하늘은 스스로 까마득한 어둠이 되었네
>
> 수많은 날들 무지개 빛을 빚어
> 온 세상 꽃들에게 불어 넣고
> 마지막 심중의 맑고 파란 빛깔
> 달개비꽃에게만 서려 주었네
> 하늘은 텅 빈, 짙은 먹물이 되고
>
> 파란 빛이 맑고 투명하기는 처음이었네
> 산중 여승에게나 쏟는 밑바닥 없는 사랑 같은 것
> 그리고 눈멀어버린 하늘
>
> 달개비꽃은 참으로 서늘한 이슬의 꽃이 되었네
> 아픈 가시나무 밑에서 오스스 줄기 뻗으며
> 건기나 우기 아무 때나 마디마디 하얀 순정의 뿌리 내려
> 하늘과 땅 사이 더듬어 나간 슬픈 사랑
> 한 뼘씩 하늘의 의미를 채워 가던 꽃
> 아침마다 턱밑까지 이슬 댓히며
> 이다지도 사랑이 힘든 운명의 꽃
> 지상의 밤은 초롱초롱 빛났네
> 어두울수록 빛나는 별빛처럼

> 달개비꽃은 하늘이 내려와
> 눈부시게, 아주 작은 사랑의 꽃이 되었네
> ―「달개비꽃」 전문

시인은 '달개비꽃'의 색을 두고 지난밤 하늘이 입김을 풀어놓고 간 것이라고 상상한다. 하늘은 스스로 "까마득한 어둠"이 되어 달개비꽃의 선명한 배경이 되어준다. 짙은 먹물처럼 어둑한 몸에서 무지개 빛을 빚어 세상 꽃들에게 불어 넣었지만, "마지막 심중의 맑고 파란 빛깔"만은 달개비꽃에게 준 것이다. 이러한 자연 사물끼리의 긴밀한 상응相應과정은 소재호 시인이 파악하는 세상의 원리 가운데 가장 핵심적인 것이다. 그래서 시인은 "산중 여승에게나 쏟는 밑바닥 없는 사랑" 같은 맑고 파란 달개비꽃의 투명함을 눈먼 하늘이 "하얀 순정의 뿌리"처럼 푸른 기운을 선사한 것이라고 생각하는 것이다. 그 파란 빛은 "하늘은 여전히/ 파란 기운의 계시록啓示錄/ 영원을 하늘에 가득 채운 채/ 파란 빛이 아닌 것들은/ 순간의 목숨으로 저물게"(「파랗다는 것」) 한다는 표현 속에도 이미 깃들여 있지 않은가.

그러다가 마침내 시인의 상상은 "하늘과 땅 사이 더듬어 나간 슬픈 사랑"으로까지 뻗어나간다. 그 순간 달개비꽃은 "한 뼘씩 하늘의 의미를 채워 가던 꽃"으로 등극하는데, 파란 색을 사랑의 힘으로 본 것은 일찍이 "독한 열병/ 빛깔은 선홍빛"(「캬, 사랑」)이라는 비유와 일종의 데칼코마니를 이룬다. 그렇게 "사랑이 힘든 운명의 꽃"은 어두운 하늘이 내려와 빚은 "눈부시게, 아주 작은 사랑의 꽃"이 된 것이다. 달개비꽃의 꽃말이기도 한 '순간의 아름다움'을 순수하게 드러낸 이 시편은, 온갖 자연 사물에서 "가장 태초의 순수 그대로"(「아카시아꽃밭」)를 보기도 하고, "나의 융숭한 눈빛에 닿아/ 사랑으로 고이기까지"(「꽃에게」) 그 시선을 거두지 않는 시인의 성정을 약여하게 보여준 사례일 것이다. 애잔하고 투명한 심미적 서정이 아닐 수 없다.

> 목련꽃은 죄다 하늘을 부여잡고 핀다
> 한 모금씩의 간절함
> 하늘을 향하는 소망의 망울
>
> 하늘의 푸른 목청이 얼마나 간절했으면
> 스스로 표백하여 흰 빛이 되는가
> 맞이하면서 방긋거리며
> 비로소 은밀한 내부를 내거는
> 치렁치렁 육자배기 더늠 같은 것
> 아, 목이 터진다
> 새하얀 소리들의 중모리 가락
>
> 비록 이른 몇 날의 낙화로도
> 땅은 쾅쾅 울리어 새싹들을 깨우고

계절의 장님도 다가와
눈이 틔이는,
한 촉의 순정이
수많은 순정을 굽이치게 이끌어
모든 목마름이 훨훨 흰 나비의 나래가 되는,
그리하여 봄날은 가지 않고
온 누리에 펄럭이는 것이다

—「목련꽃」 전문

'목련꽃' 역시 하늘과의 상호연관성 속에서 피어난다. 목련꽃은 하늘을 향해 "한 모금씩의 간절함"을 가지고 있다가 "하늘의 푸른 목청"을 받아 "스스로 표백하여 흰 빛"이 되었다. 이 색깔의 전이轉移 과정이 바로 목련꽃으로서는 호환할 수 없는 존재 생성의 원리가 되고 있는 것이다. 그때 비로소 "육자배기 더늠 같은 것"이나 "새하얀 소리들의 중모리 가락" 같은 것들이 연쇄적으로 수반되면서 목련꽃은 하나의 자율적인 생명 원리로 몸을 바꾼다. 그래서 낙화로도 새싹을 깨우고 "한 촉의 순정"으로도 수많은 순정을 불러들이게 된다. 목마름으로 펄럭이는 그 풍경 앞에서 시인은 자연스럽게 심미적이고 순간적인 서정시의 사제司祭가 되는데, 이렇듯 소재호 시인은 "온갖 목숨들에게는 숨결을 불어넣고/ 마침내 넓어지는"(「바람의 제국」) 자연 사물들의 호혜적 원리를 사유하면서, 그 양상들을 신성하고 숭고한 "무형의 미학美學"(「바람 도깨비」)으로까지 끌어올리고 있는 것이다.

  결국 소재호 시인은 '꽃'으로 상징되는 자연 사물들을 적극 호명하면서, 그네들로 하여금 우리와 함께 살아가야 할 생명 원리가 되게끔 배열하고 은유한다. 인간 이성이 고양되고 과학 기술이 발달하면서 인간이 자연을 지배할 수 있다고 믿었던 미망을 훌쩍 넘어, 시인은 그러한 오도된 욕망들을 하나씩 허물어 나간다. 그래서 소재호 시편은 생태적 사유를 깊이 반영하면서, 보다 나은 공존의 원리를 모색하는 상상적 기록으로 다가오는 것이다. 그리고 우리도 그의 시를 읽으면서 우리를 둘러싸고 있는 생명들에 대해 깊이 사유하게 되고, 이러한 속성을 통해 궁극적 자기 긍정을 향한 타자 이해에 소재호 시편의 원리가 있음을 선명하게 알게 된다.

3.

  일찍이 아리스토텔레스Aristoteles는 시에 대해, 상반되는 어떤 힘들이 얽혀서, 다시 말하면 동일성의 목소리와 타자의 목소리가 합쳐 하나가 되는 것으로 설명한 바 있다. 이때 시적 상상은, 타자의 목소리 침투라는 새로운 영감과 필연적으로 마주치게 된다. 여기서 말하는 타자의 목소리란,

주체와는 다른 어떤 이질적인 것 혹은 주체와 거리를 두는 자기 반성적 실체의 표현으로서, 배타적 총체성이나 견고한 동일성을 무너뜨리는 일체의 요소, 성향, 운동 등을 포괄하는 개념이다. 우리는 소재호 시편이 들려주는 타자의 목소리가 일인칭의 자기 토로라는 서정시의 배타적 양식 규정을 뛰어넘어 사물의 속성을 전체적으로 파악하고 탐구하는 과정을 허락한다는 사실에 상도想到하게 된다. 다음 시편들을 읽어보자.

    한 생애의 무게를 벗어놓아야
    저리 희뿌옇고 맑지
    세상일은 모든 게 흔적으로만 남아
    잠시 허공에 머무는 것
    산 넘고, 죽음의 골짜기에 가서야
    영혼은 도리어 밝아진다고 하지

    한 사발도 못 되는 삶의 원둘레
    빛이거나 소리이거나 다 삭고
    자신의 흔적을 스스로 자꾸 닦아 지우며
    몇 만 굽이 조올조올 허공을 비워내는

    한때는 장엄한 빛이고자 했었지
    천강을 굽이치던 빛살 무늬
    탄생부터 소멸까지 빛냈으므로

> 하루가 다음 하루를 잉태하도록
> 꼴깍 목숨줄 놓아서
> 다음 생에서 더 밝아지는 것
>
> ―「낮달」 전문

'낮달'이란 어두운 밤하늘의 밝은 달과는 달리 마치 흔적으로만 남은 것 같아 보인다. 시인의 시선 역시 희뿌옇고 맑은 흔적으로 낮달을 읽는다. 그리고 그 흔적을 마치 "한 생애의 무게를 벗어놓아"버린 듯한 이미지로 파생시킨다. 잠시 허공에 머무른 그 흔적은 죽음의 골짜기에 가서야 비로소 밝아지는 영혼처럼, 빛과 소리를 모두 삭인 채 가 닿는 형이상학적 초월의 지경으로까지 확산된다. 그러니 자연스럽게 "몇 만 굽이 조올조올 허공을 비워내는" 그 찬찬한 움직임은 시인으로 하여금 "한때는 장엄한 빛이고자" 했고 "탄생부터 소멸까지 빛"을 뿌리려 했던 흔적을 바라보게 하지 않는가. 이처럼 영혼이 "다음 생에서 더 밝아지는 것"을 믿는 초월적 기억이야말로 소재호 시편의 형이상성을 선연하게 드러낸다. 비록 자신은 "마당귀에서 노을을 자꾸 끌어들이되/아직 도에 이르지는 못해"(「백일홍꽃」)라고 겸사를 했지만, 자신의 시편이 궁극에는 "영靈의 숨결을 담는 것"(「화가 하반영」)임을 견고하게 믿는 것이다. 그러니 실체보다 흔적을 중시하는 타자의 목소리가 가능해지는 것이 아닌가.

시간들이 길러 세운 나무에서
계절의 고운 색채를 입혀 떠나보내는
석별의 시절, 아픈 이별을 형용하면
아름다운 빛깔이 되느니

한 생애 전신으로 끌어올리던 온기
어느덧 전설이 되고
까마득한 기억의 갈피에 눕는다
시리게 뼈 마디마디 세월의 기슭에 얹은 채
어둔 시대로 출발하는 한 초롱씩의 몸짓

한시도 굴종이 아닌 때 없었으니
몸 굽혀 모진 바람 앞에 운명을 내맡겼다가
전생에서 유전해온 목숨도 마감하고
스스로 자신을 놓으니 낙엽이라네

나부끼던 우기의 음절들
산만하던 운율도 삭고
켜켜이 졸음을 매겨서
지는 노을빛으로나 익다가
마지막 눈부신 팔랑거림
가만히 뜨락에 고이는
마침내 깊디깊은 잠이라네

―「낙엽의 노래」 전문

'낙엽' 역시 '낮달'처럼 삶이 지나가고 난 후의 흔적일 것이다. 나무에서 지나간 시간들이 한 시절의 색을 떠나보내는 이별의 흔적이 바로 '낙엽'일 것이기 때문이다. 한동안 빛나는 색채를 지녔을 이파리들은 "한 생애 전신으로 끌어올리던 온기"를 전설로 돌린 채 "까마득한 기억의 갈피"로 돌아간다. "전생에서 유전해온 목숨"을 양도한 채 "스스로 자신을 놓으니" 낙엽은 어쩌면 오랜 세월을 몸속으로 불러들여 스스로를 부풀린 존재일지도 모른다. 그래서 그 안에서는 "우기의 음절들"이나 "산만하던 운율"이 모두 삭은 채 "마지막 눈부신 팔랑거림"만이 나부끼는 것이다. 끝내는 "깊디깊은 잠"으로 빠져들면서 부르는 '낙엽의 노래'는 그 점에서 존재자의 소멸을 보여주는 동시에, 한편으로는 사라져가는 것의 장엄한 순리를 보여주는 것이다. 가령 "깊은 한숨 한 모금으로도 바다는/ 바다 모를 수심으로 깊어"(「갈매기의 일기」)지는 것이라든지, "혼돈으로 질서를 세우는 빛나는 역설"(「사막의 예찬」)이 이러한 사유에서 가능해진다.

최근 우리가 경험하고 있듯이, 현대시는 더 이상 동일성의 방법과 세계관을 고수하지 않는다. 오히려 동일성 담론을 적극 거부하면서 세계와의 치명적 불화를 발화하는 데 주력하고 있기도 하다. 하지만 아직도 서정시는 이러한 반동일성의 원리보다는, 잃어버린 시간에 대한 추구를 통해 고전적인 자기 규정성을 가지려고 한다. 그 안에서 우리는 잃어버린 시간의 상상적 현재화를 경험하며, 언어적 대리 구축의 원리로서 시적 표현을 경험하게 되기 때문이다. 소재호 시편은, 이러한 원리에 의해 개성적으로 짜여져 있는 결과일 것인데, 그래서 '낮달'과 '낙엽'이라는 흔적을 통해 삶의 원리를 유추하는 시인의 정신과 감각이 한결 미더운 것일 터이다.

4.

본디 서정시는 시간에 대한 경험적 재구성이라는 양식적 특성을 지닌다. 그만큼 서정시는 지나간 시간에 대한 기억의 양상을 다루고, 우리는 서정시가 수행하는 기억의 원리를 따라 삶의 근원에 대한 경험을 새삼 치르게 된다. 그 점에서 소재호 시편은 고백과 관조를 주조로 하는 언어를 통해 기억의 원리를 수행해나가는 특성을 일관되게 지니고 있다고 말할 수 있다. 그래서 그가 보여주는 언어는 따뜻한 삶의 이치를 밀도 있게 경험케 하면서, 그 안에는 철저하게 개체적 경험이 담겨 있으면서도 한 시대의 공동체적 기억으로 승화되는 원리가 포개져 있는 것이다.

>너는 한때 숲이었느냐
>너의 몸결에 장렬히

불과 물이 덮쳐 왔더냐

이승과 저승 사이의 잠 속
네가 일어나면 숲
네가 잠들면 사막

너는 빙하와 빙하 사이의 간빙기
곤충의 잠과 나방이 날갯짓 사이의 번데기
너는 천길 땅밑 석탄
아니면 깊이깊이 네 번째 잠

너는 부활을 꿈꾸는가
식물의 재생인가, 불의 재활인가
영영 완강한 주검인가

밤을 지나와서도
모든 지상의 어둠을 머금는
영원한 과도기, 깨지지 않는 모순
너에게서도 빛이 나와서
대낮처럼 밝히는 실존주의 잔상
일제 때 만주 가서 소식 없던 당숙은
살았는지 죽었는지 알 길이 없다
제사상 앞에서 다시 묻는
당숙의 생사 안부

—「숯에게 묻다」 전문

'숯'은 한때 숲에 존재했던 나무들에 장렬하게 덮친 '불'과 '물'로 인해 생겨난 견고한 결정結晶이다. 어쩌면 숯은 "이승과 저승 사이의 잠 속"에 있고, 일어서는 '숲'과 잠드는 '사막' 사이에 있다. 그래서 숯의 필연적 시간은 "빙하와 빙하 사이의 간빙기" 혹은 "영원한 과도기"일 것이다. 숯은 이를테면 "곤충의 잠과 나방이 날갯짓 사이"에 놓인 "천길 땅 밑 석탄"인데, 거기서 부활을 꿈꾸는 숯은 한편으로는 "식물의 재생"으로 한편으로는 "불의 재활"로 시인에게 다가오면서 "모든 지상의 어둠을 머금는" 모순으로 존재한다. 이때 시인은 "일제 때 만주 가서 소식 없던 당숙"의 기억을 부가하는데, 그것은 그분이 "살았는지 죽었는지 알 길"이 없기 때문이다. 바로 그 "당숙의 생사 안부"를 시인은 '숯'에게 묻고 싶은 것이다. 어쩌면 그 묻는 행위는 묻는[問] 것이자 묻는[埋] 것일지도 모른다.

이처럼 '숯'은 소재호 시인에게 "우주의 진동을 날개로 파르르 형용하다가/ 잠든 듯이 고요를 이끌어내고"(「잠자리 한 마리」) 있는 한 마리 잠자리처럼 거대한 스케일과 잔잔한 디테일로 기억의 원리를 구성해낸다. "옛날 그림자와 현대의 빛이 한곳에서/ 인류의 조상 해골에 함께 드리우며/ 경이롭게 합류하는 시공時空"(「만 년의 그늘」)을 보여주는 것이다. '숯/숲/물/불'의 원형 심상이 아름답게 파상波狀을 그리며 번져가는 실존적 드라마가 가득 빛을 발하는 시편이 아닐 수 없겠다.

서녘하늘 노을이 곱던 날
붉은 감성으로만 줄기 뻗어온 생애
하늘과 황토벽에서 눈빛 마주치다
천지가 보랏빛으로 멍들며
골똘하게 고요가 될 때
담쟁이는 성자처럼
하늘의 말씀에게만 한사코 오르려 한다

시린 어느 방향인들
손 뻗어 다독이고 있었으니
위태한 것들은 얽어 매달며
스스로는 바들바들 이파리마다
한 모금씩 정갈한 계시록啓示錄

구천지하九天地下 전생에서
빼 올린 육신, 영혼은 하늘에서 내려 담기므로
하늘과 땅을 잇는 신령한 손길
이 세상 모든 생령들의 그림자를 엮어
따습게 토담에 얹는
담쟁이덩굴

키 솟는 것들에게 의탁하는 기생寄生이 아니다
굽어 살피며 어루만지려 함이다
　　　　　　　　　　—「담쟁이덩굴」 전문

여기서 '담쟁이덩굴'은 소재호 시편의 궁극적 지향을 암시적으로 말해주는 자연 사물이다. 담쟁이는 서녘하늘 노을에 은은하게 물들며 마치 성자聖者처럼 수직으로 뻗어나간다. 그 상승의 최종 지점에 "하늘의 말씀"이 있을 것을 믿고 붉은 감성으로 한사코 오르려 하는 것이다. 어느 방향인들 시리지 않은 데 있겠으며 위태하지 않은 데가 있겠는가. 하지만 담쟁이는 "한 모금씩 정갈한 계시록啓示錄"에 가 닿는다. "하늘과 땅을 잇는 신령한 손길"을 통해 "이 세상 모든 생령들의 그림자"를 엮으면서 담쟁이는 자신이 세상을 굽어 살피며 어루만지는 일을 수행하고 있음을 밝힌다. 이렇게 살피고 어루만지는 사역이야말로 "한 뼘 뻗어 올라, 목숨의 모가지를 한사코 뽑아올려/ 하늘의 잠언을 낭랑히"(「담쟁이덩굴 2」) 읽는 일의 구체적 실천일 것이다. 그렇게 소재호 시편은 이 세상 모든 생령들의 그림자를 엮으면서 굽어 살피고 어루만지는 치유와 위안과 성숙의 지표를 구현한다. 그것이 그로 하여금 공동체적 가치를 노래하게끔 하는 역동적 근인根因일 터이다. 다음 시편은 그러한 가능성으로 더욱 충일하지 않은가.

  신이 떠난 지 오래다
  신보다 더 힘센 포클레인의
  무도한 엔진 울음이

> 벙벙한 대지를 다스릴 때
> 신음까지 쓸어져가는 잡초들 사이
> 하이얀 울음 한 쪼가리
> 비둘기 깃털 하나 바르르 떨고 있다
> ─「비둘기 깃털 하나」에서

 이 세상은 비록 신神이 떠난 지 오래고, 다만 "신보다 더 힘센 포클레인"들의 행렬만 요란할 뿐이다. 이러한 폐허의 반대편에서 생명의 은유적 분신인 '비둘기 깃털 하나'가 떨고 있는 순간은, 소재호 시편이 대지를 지향하고 신음까지 들을 줄 아는 섬세함과 따뜻함을 구축했음을 선명하게 알려준다. 일찍이 생명철학자 한스 요나스Hans Jonas는 "신은 우리를 도울 수 없다. 우리가 신을 도와야 한다. 그것이 우리 자신을 궁극적으로 돕는 길이다."라고 갈파한 적이 있는데, 이는 인간의 공동체적 책임감을 중시한 표현일 것이다.
 이 시편에도 떠나버린 신에 대하여, 우리의 실천이 어떻게 정향되어야 하는가에 대한 윤리적 물음이 숨겨져 있다. 그러니 우리로서는 그렇게 "바르르 떨고" 있는 깃털에 섬세하게 의지하여, 소재호 시편의 공적 기억으로의 확장 가능성을 신뢰하게 되는 것이다. 결국 그 '비둘기 깃털 하나'는 '숯'이나 '담쟁이덩굴'처럼 "무수한 별들이 쏟아져/새로운 언어를 빚는"(「파도」) 과정에서 생겨난 가치의 상관물들일 것이다. 이들은 모두 생명을 긍정하고 타자를 지향하는 속성으로 가득한 소재호 시편의 첨예한 사례일 것이다.

5.

보통 사람들은 서정시가 가지는 촌철살인의 힘을 오래도록 대망해 왔다. 잘 짜여진 언어를 통한 감동과 자각은 그만큼 인간이 지녀온 욕망의 대상이자 문화 행위의 핵심이기도 하였다. 짧게 함축된 언어를 통해 인류의 지혜가 오래 전승되어온 것은 이러한 욕망이 구체적으로 반영된 실례일 것이다. 그런가 하면 사람들은 '언어'라는 불완전한 매체를 수반하지 않는, 곧 언어 너머의 근원적 상태를 갈망해오기도 했다. 언어가 가지는 불가피한 한계 때문에 진정한 감동은 언어 너머에 존재한다는 믿음을 가졌던 것이다. 그래서 한켠에서는 언어 형식을 띠지 않는 진리 추구 방식이 여러 모로 추구되어올 수밖에 없었을 것이다. 언어 예술로서의 운명을 짊어진 '시'는 언어의 이러한 이중적 욕망을 동시에 표상해온 역사를 가지고 있다. 그만큼 '시'는 의미 지향과 탈脫의미 지향의 욕망이 균형을 이루며 '시적인 것'의 실질을 이루어온 것이다.

지금까지 읽어온 소재호 시편들은, 이러한 언어의 이중 과제를 충실하게 다져온 궤적으로 가득하다. 자아와 타자,

의미와 소리를 충실하게 결속하면서 그의 시는 언어의 한계와 가능성을 두루 구현하였다. 최대한 펼쳐진 생태적 사유와 흉내내기 어려운 진정성을 통해 그는 궁극적 자기 긍정과 타자를 향한 확장의 서정을 노래한 것이다. 그 품과 격이 하도 넓고 깊어, 우리의 감성도 그쪽으로 현저하게 기울어감을 느낀다. 그래서 우리는 이번 시집이 우리로 하여금 서정시의 온전한 미학적 몫을 누리게끔 하는 데 크게 기여하기를, 마음 깊이, 소망해 보는 것이다.

빛나는 시 100인선 · 35
소재호 시선집

압록강을 건너는 나비

초판인쇄 | 2015년 8월 26일
초판발행 | 2015년 8월 31일

지은이 | 소 재 호
펴낸이 | 서 정 환
펴낸곳 | 인간과문학사

주　소 | 서울특별시 종로구 삼일대로32길36
　　　　305호(익선동, 운현신화타워빌딩)
전　화 | 02)3675-3885, 063)275-4000
등　록 | 제300-2013-10호
e-mail | human3885@naver.com
　　　　inmun2013@hanmail.net

값 9,000원

ISBN 979-11-85512-53-2　04810
ISBN 978-89-969987-4-7　(전 100권)

* 저자와 협의하여 인지는 생략합니다.
* 잘못된 책은 바꿔 드립니다.

이 도서의 국립중앙도서관 출판예정도서목록(CIP)은 서지정보유통지원
시스템 홈페이지(http://seoji.nl.go.kr)와 국가자료공동목록시스템(http:
//www.nl.go.kr/kolisnet)에서 이용하실 수 있습니다.
(CIP제어번호: CIP2015023763)